NO LONGER PROPERTY OF
ANYTHINK LIBRARIES/
RANGEVIEW LIBRARY DISTRICT

D0899028

Tu cuerpo maravilloso
Dientes
por Imogen Kingsley

Bullfrog Books

Ideas para padres y maestros

Bullfrog Books permite a los niños practicar la lectura de texto informacional desde el nivel principiante. Repeticiones, palabras conocidas y descripciones en las imágenes ayudan a los lectores principiantes.

Antes de leer
- Hablen acerca de las fotografías. ¿Qué representan para ellos?
- Consulten juntos el glosario de fotografías. Lean las palabras y hablen de ellas.

Durante la lectura
- Hojeen el libro y observen las fotografías. Deje que el niño haga preguntas. Muestre las descripciones en las imágenes.
- Lea el libro al niño, o deje que él o ella lo lea independientemente.

Después de leer
- Anime a que el niño piense más. Pregúntele: ¿Disfrutas mordiendo una manzana crujiente? ¿Qué otro tipo de alimentos son divertidos para morder?

Bullfrog Books are published by Jump!
5357 Penn Avenue South
Minneapolis, MN 55419
www.jumplibrary.com

Copyright © 2018 Jump! International copyright reserved in all countries. No part of this book may be reproduced in any form without written permission from the publisher.

Library of Congress Cataloging-in-Publication Data

Names: Kingsley, Imogen, author.
Title: Dientes / por Imogen Kingsley.
Other titles: Teeth. Spanish
Description: Minneapolis, MN: Jump!, Inc., [2018]
Series: Tu cuerpo maravilloso
"Bullfrog Books are published by Jump!"
Audience: Ages 5–8. | Audience: K to grade 3.
Includes index.
Identifiers: LCCN 2017002892 (print)
LCCN 2017004777 (ebook)
ISBN 9781620318140 (hardcover: alk. paper)
ISBN 9781624966361 (ebook)
Subjects: LCSH: Teeth—Juvenile literature.
Anatomy—Juvenile literature.
Classification: LCC QM311 .K5718 2018 (print)
LCC QM311 (ebook) | DDC 612.3/11—dc23
LC record available at https://lccn.loc.gov/2017002892

Editor: Jenny Fretland VanVoorst
Book Designer: Molly Ballanger
Photo Researcher: Molly Ballanger
Translator: RAM Translations

Photo Credits: Alamy: Eric Raptosh Photography, 10. Getty: JGI, cover. Shutterstock: Brocreative, 1; David Svetlik, 3; Photographee.eu, 4, 5; s _ oleg, 4, 5; CREATISTA, 6–7; aekkorn, 8–9; All About Space, 8–9; Deyan Georgiev, 12–13; bikeriderlondon, 14–15; Trudy Wilkerson, 14–15; Casezy idea, 16–17; Littlekidmoment, 18; Claudio Divizia, 19; Lilya Espinosa, 19; Monkey Business Images, 20–21; Tefi, 22; Africa Studio, 24. SuperStock: Blend Images, 7. Thinkstock: Big Cheese Photo, 11.

Printed in the United States of America at Corporate Graphics in North Mankato, Minnesota.

Tabla de contenido

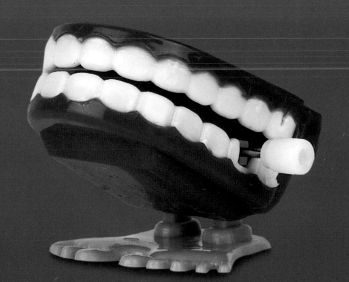

¡Crunch! ¡Crac!

¡Oh, no!

Se le cayó un diente a Axel.

Está bien.

Era un diente de leche.

Uno grande tomará su lugar.

diente de leche

5

¿Por qué necesitamos dientes?

Los dientes nos ayudan a hablar.

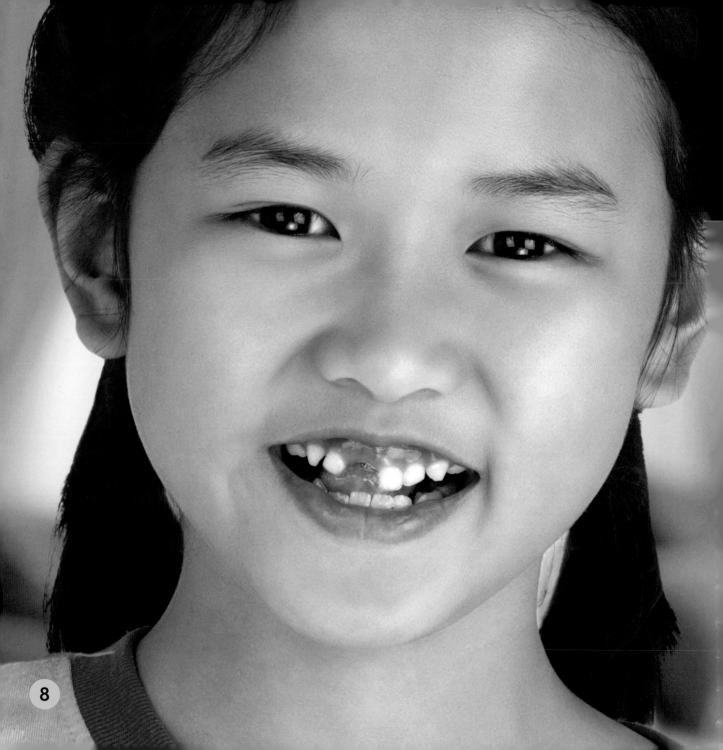

Di "Este diente está flojo."

Tu lengua golpea
los dientes.

Ayudan a hacer sonidos.

Los dientes nos ayudan a comer.

¡Crunch!

Kai muerde una manzana.

10

¡Ñam, ñam, ñam!

Bo mastica
la salchicha.

11

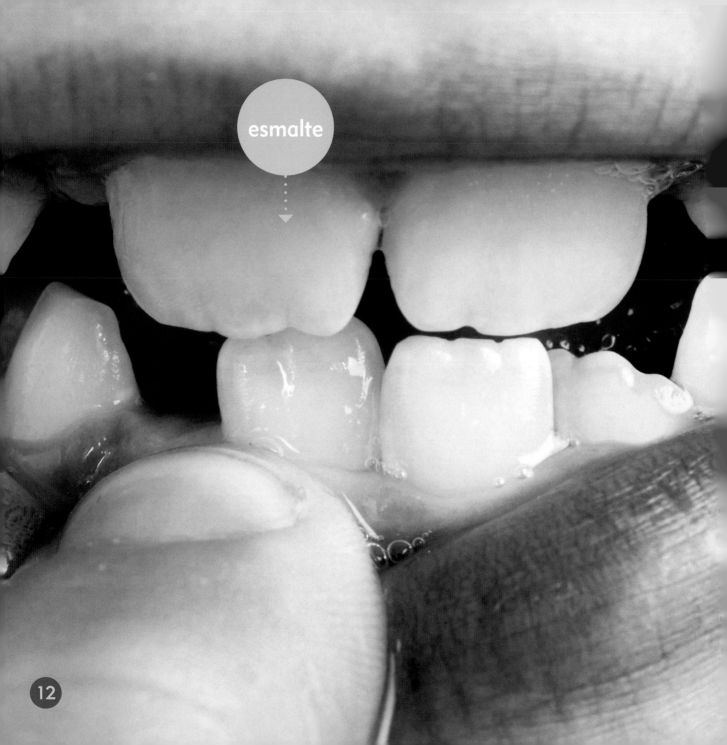

esmalte

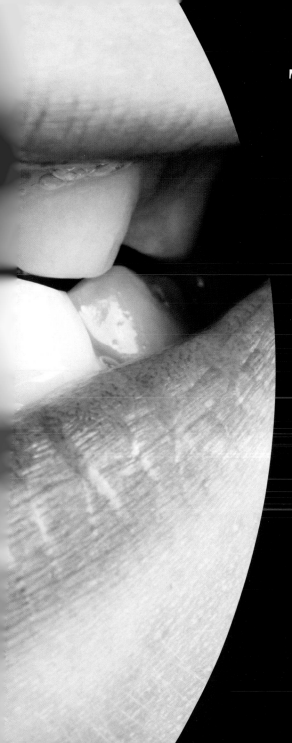

Tus dientes
son fuertes.

Están cubiertos
con esmalte.

Es el material más
duro de tu cuerpo.

Existen cuatro
tipos de dientes.

Cada uno tiene
una función.

Los incisivos están
en el frente.

Ellos cortan la comida.

incisivo

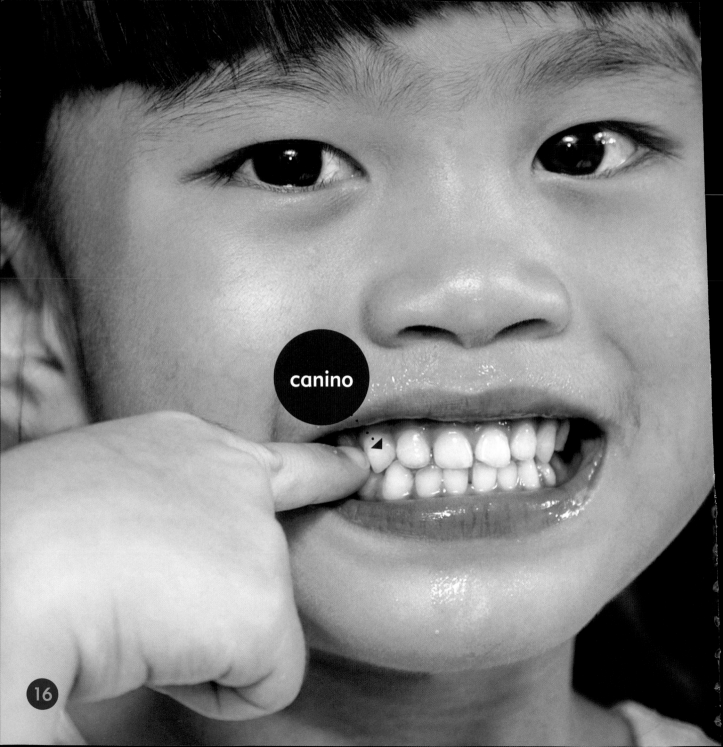

canino

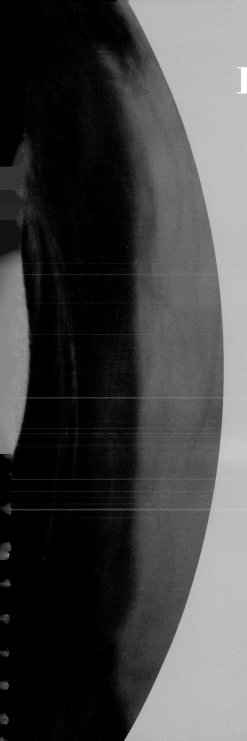

Los caninos son filosos.

Ellos rasgan la comida.

premolar ·····▶

Los premolares son planos.

Aplastan la comida.

Los molares están en la parte de atrás.

Son grandes y mastican la comida.

molar

¿A qué más nos ayudan los dientes?

¡Sonríe!

Partes de un diente

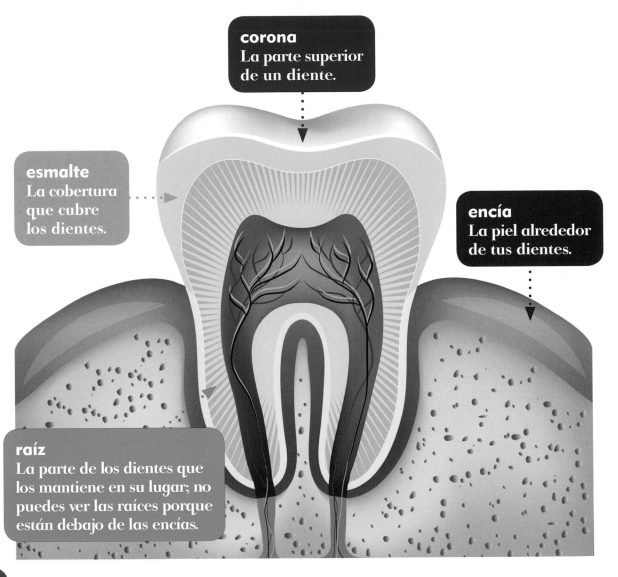

corona
La parte superior de un diente.

esmalte
La cobertura que cubre los dientes.

encía
La piel alrededor de tus dientes.

raíz
La parte de los dientes que los mantiene en su lugar; no puedes ver las raíces porque están debajo de las encías.

Glosario con fotografías

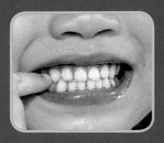

caninos
Dientes largos
y filosos usados
para rasgar
la comida.

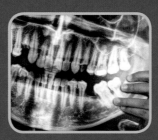

molares
Son los dientes más
grandes en la parte
trasera de la boca.
Mastican la comida.

incisivos
Tus dientes
de enfrente.
Estos son
los primeros
dientes en salir.

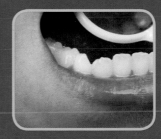

premolares
Los premolares
a veces se les
llama bicúspides.
Son usados para
aplastar comida.

Índice

Para aprender más

Aprender más es tan fácil como 1, 2, 3.

1) Visite www.factsurfer.com

2) Escriba "dientes" en la caja de búsqueda.

3) Haga clic en el botón "Surf" para obtener una lista de sitios web.

Con factsurfer.com, más información está a solo un clic de distancia.